Gabriel Haipam

Psaumes de ma foi

Gabriel Haipam

Psaumes de ma foi

Jésus est Seigneur

Éditions Croix du Salut

Cover image: www.ingimage.com

Publisher:
Éditions Croix du Salut
is a trademark of
Dodo Books Indian Ocean Ltd., member of the OmniScriptum S.R.L Publishing group
str. A.Russo 15, of. 61, Chisinau-2068, Republic of Moldova Europe
Printed at: see last page
ISBN: 978-620-3-84184-8

Psaumes de ma Foi

GABRIEL DUBONHEUR

Psaumes de ma Foi

A Marie Damaris Nyélé
Âme chère dans un esprit doux

Préface

Le Chrétien manifeste sa foi par des paroles, des pensées et des actes dignes de l'Evangile. Il incarne les vérités révélées, transmises une fois pour toute aux croyants. *Psaumes de ma foi* rentre dans cette démarche christique dont le fond est d'exprimer les profondeurs qui se dégagent de l'âme en contact avec son Dieu. L'auteur utilise la poésie pour dire son bonheur d'avoir rencontré un sauveur, mais aussi les obstacles qui s'enchevêtrent devant lui et dont il parvient à trouver les ressources nécessaires pour triompher et les contourner. Comme le roi David, DUBONHEUR ne manque pas de mots justes pour évangéliser et présenter Christ au monde comme le seul à trouver des solutions à nos problèmes de la vie.

1- NATURE GENESIQUE

Nature altière pacifique et merveilleuse
Forgée par la parole procréatrice du Seigneur
« Qu'il y ait des ténèbres et que paraisse la lumière »
Ainsi fut dit, ainsi fut fait
Sans l'aide d'aucun architecte, d'aucun maçon
Aucun briquetier, aucun camion ni matériau
Ce fut les premières ténèbres du premier soir
Ce fut la première lumière du premier jour
L'Esprit de l'Eternel se mouvant aux dessus des eaux

Nature nourricière frappée du sceau de la source
Que vienne l'étendue séparant et tissant au loin ses coltis
Ses frontières et ses républiques
Ses rivières, ses océans et les barrages des créatures
« Qu'on dénomme l'étendue ciel »
Ainsi fut dit, ainsi fut fait
Ce fut le second jour et sa seconde nuit

Dieu délimita les bornes des torrents et de la terre
Il assécha la terre et couvrit d'eau les mers
Il lia leurs fondements sur sa parole créatrice
Et en développa en des milliers leurs semences
Verte verdure avance ta draperie et tes éperons
Viens à la surface de la terre et des arbres
Et ne manque guère de fruits en abondance
Je te prépare pour y faire valoir ma volonté
Ainsi fut dit, ainsi fut fait au troisième jour

Aussi arriva le tour des étoiles,
Arriva le tour de la lune et du soleil
De briller dans leurs grands ensembles
Devers la jurisprudence des cieux et de la terre
Ainsi fut dit, ainsi fut fait au quatrième jour

Ainsi fut dit, ainsi fut fait des animaux
Au cinquième jour et des oiseaux
Les poissons surgirent en abondance
Tout cela était bon aux yeux de l'Eternel
Chaque créature fut faite selon leurs espèces
Cependant il ne trouva pas d'être semblable à lui

Il inventa alors Adam à son image selon sa
ressemblance Avec sa bouche, son nez, sa tête
Et sa nature sur la terre
Bienheureuse nature divine à l'encre de la terre
Mâle et femelle, gentil gouverneur de toutes choses
Mangeant à la table de son créateur, en lui était Êve
Au sixième matin du sixième jour
Au sixième soir de la sixième nuit

Divine nature, apprends nous la mécanique Apprends-
nous à vivre dans l'ordre de ton organisation Afin que
nos œuvres épousent en tout principe L'élégance
majestueuse de tes hauts concepts
Et de ta pensée imaginative et parfaite
Avant que ne vienne la cloche de ton repos final
En tout temps au siècle des siècles

2- VERTUEUSE ONDEE CELESTE

Tes révérences sont nombreuses
Et nous ombragent de ta présence
Elles sont si innombrables
Plus innombrables que les sables
Mijotant les bords fertiles des eaux

Moins sont les soupirs des hommes
Quand se profile à l'horizon
Cette Immaculée espérance
Que nous octroie ta parole

De ta vertueuse ondée céleste
Couvre tes créatures terrestres
Et consens que nous convolions
En douce noce avec ta sagesse

Fait que notre amour pour toi soit sincère
Et avec toute la nature qui nous entoure
Nous comprendrons l'heureuse rencontre
Que tu gratifies aux gens qui cherchent ta face

J'ai rencontré à chaque fois tes anges
Habilitant mes psalmodies altières
Se mettant en ordre de compétences
Afin que ma soif de toi soit assouvie

Il y a parmi eux ceux qui comme des armées
Défilent sur un boulevard sans égouts ni épines
D'autres à jamais jouant de la harpe sifflotent
Les anges peuplent le ciel et la terre

3- DES ENNEMIS INCOMPTABLES

Des ennemis incomptables rodent autour de moi
Ils veulent me conduire comme des brebis aveugles
Pour me noyer dans les versants des eaux coulantes
Enragent que je me précipite au fin fond de l'océan

Savent-ils que tu observes ce vilain théâtre
Et que je ne peux me perdre sans ta volonté
Ta volonté pour moi est plus précieuse que tout
Je désire m'abandonner à toi seul et voir ta délivrance

Soudain tu me donnes des ailes d'oiseau
Et je m'envole sur les eaux
Pour poser pied sur une terre ferme et heureuse
Malgré leurs regards hagards et déçus

Je ne puis me perdre tant que tu es vivant Seigneur
Mon âme croira en toi tant que je vivrai ici-bas
Je n'ai aucune crainte de la menace des démons
Et que peux me faire un être humain méchant

Mes psaumes montent vers toi
Dieu de ma santé
Dieu de mon pouvoir
Dieu de mon inaltérable foi

4- CHER OUVRIER DE LA TERRE

Fils de l'homme
Tourne-toi vers ton créateur
Ne t'oppose guère à lui,
Accorde-lui ta confiance
Pourquoi se lamenter
Dans le vide de la désespérance
Cher Ouvrier de la terre,
Contemple sa parole de vie.

5- DIEU DE MON SALUT

J'ai le regard de l'homme toujours joyeux
Je plonge mon âme dans le circuit de ta parole
Elle m'entrelace de tes bontés éternelles
Pour me nourrir de ta présence toujours présente

Je porte tout au long du jour tes saintes écritures
Pleines d'amour et de vérité
Qui rayonnent en moi à chaque instant
Tu es l'être qui ne manque jamais au croyant

Dieu de mon salut, Dieu de mon alliance
Inconditionnelle est ta volonté paternelle
Je chante tes louanges et tire vengeance de Satan
Qui cherche à obstruer mon chemin

Tel tu es, tels nous sommes
Mon âme n'abandonne guère
Quand s'entrelacent pièges et chaines
Ton Dieu est vivant, espère en lui

6- J'ELEVE MA VOIX

Je suis gentil et fidèle
J'élève ma voix en faveur des hommes
Qui se liguent contre moi avec vents et marées
Car je sais qu'ils ne me vaincront point

Personne ne me séparera de l'amour de Jésus
Qu'importe toutes les flèches et les embûches
Je tiendrai toujours debout au nom de l'Eternel
Et personne ne me ravira ma couronne de vie

7- S'IL ETAIT COMPTE L'AVENIR

S'il était compté l'avenir
A qui confieras-tu le tien
Du matin jusqu'au soir de ta vie ?
- En Christ mon Dieu et Seigneur
Lui est capable de contourner
Tous les chemins tortueux
Dire halte aux ennemis
Les trimballer dans leur parfaite défaite

Rejeton de la terre, avorton de la vie
Confies-toi en l'Eternel
Fais de lui ta sure retraite
Il balisera tes voies
Et ne permettra pas
Que la corruption te surprenne

C'est lui qui est maître de l'univers
Et qui gère ton lendemain
Et ta réussite ne sera suivie d'aucun chagrin
Il est précieux le chemin de celui qui sert Jéhovah
Jashua est grand partout et en tout

8- L'ENLEVEMENT

Je crois en ton retour imminent
A l'enlèvement des saints
Pour les noces de l'agneau

Tu es allé me préparer la salle des banquets
Et certainement tu reviendras
Et les élus avec les ailes d'aigle
Monteront au firmament de ta gloire
De la gloire éternelle du Tout-puissant

Nous irons festoyer dans la nouvelle Jérusalem
Nous porterons nos robes blanches
Les robes de la semence de victoire

Les cieux qui viennent seront éternels
Et la terre aussi jaillira des précipices
Pour accueillir les bien-aimés du Seigneur

On sera dans le repos de Dieu
Transfigurés à chaque terminus
Devers la folie des maléfiques présages

9- SEIGNEUR DE L'UNIVERSEL

Tu es l'être qui
Dans la stricte intimité des monts
Forge l'ascèse et suspend le doute
Sur la terre des vivants

Quand vient la cohorte des margouillats
Pour avaler à contrecœur les insectes
Tu déboucles l'homme de ses pires avatars
Et consacres son espoir de vie
Sur la terre des vivants

Seigneur de l'universel
Rempile nos prières
Dans la besace de l'exaucement
Et nos chants de reconnaissance
Sur la terre des vivants

Sur la terre des vivants
Nous voulons croître
Et prospérer en toute liberté
Dans ta présence sempiternelle
Qui octroie le bonheur sans borne

10- LA VOLONTE DU SEIGNEUR

Rien n'est plus authentique
Que la volonté du Seigneur
Quand il décide du cours de la vie
Et distribue des dons aux hommes
Comme en particulier il veut et pourvoit

La sentence de Dieu seule est merveilleuse
Pour tous ceux qui espèrent en Lui
Vespérale est sa voie
Elle est ma force et mon appui
De qui aurai-je de la panique ?

Je sème une semence sempiternelle
Ondoyante dans les champs du Père
Ne me lasse de faire du bien
Jeter mon pain à la face des eaux
Produire pour les enfants de la terre

Leurs anges voient en permanence Sa face
Bienheureuses autour des bontés de notre Dieu
Sont celles qui travaillent sans relâche
Toujours propices pour couvrir la nudité du pauvre

Toujours disponibles pour ravitailler ses serviteurs
Ces hommes de Paix, dons de soi et victimaires
Dont les vies sacrificatoires coulent de jour en jour
Parlent sous Son autel de prévoyance céleste

11- JE NE DEMENTIRAI POINT

Je ne démentirai point le nom de mon Seigneur
Lui qui de jour en jour illumine mon regard
De toute ma vie, il est l'être qui
Toujours fidèle ombrage mon chemin
Et me préserve de la furie du soleil accablant

Je ne démentirai point la Parole de vie de mon Dieu
Elle est capable de me transporter dans les hauts lieux
Elle est inestimable, plus précieuse que l'or et l'argent
Elle est envoûtante plus enivrante que la mortelle bière

Je ne démentirai point les louanges de mon Roi des rois
Pour lui je peux donner ma vie
Pour que vive la vérité sur la terre
Parmi les êtres créés à son image selon sa ressemblance

Je ne démentirai point la protection du Très-haut
Sinon je ne serais plus debout au centre du travail
Sinon je ne serais plus vivant proclamant Sa Grâce
Sinon je ne serais plus ici, bravant les obstacles
Sinon je serais puant et mourant bavant à chaque pas

Je ne démentirai point la vengeance du Créateur
Essence universelle de la bienheureuse nature
Sa Parole préexistante traduit toujours mon espérance
Je ne puis me déconnecter de son réseau éternel

12-QUE SOMMES-NOUS DEVENUS

Cette terre appartient à Dieu
C’est lui le dispensateur des grâces
Et des faveurs sur toute sa surface
Il équilibre les choses et les transplante
En toute sagesse et harmonie
Afin que notre joie soit parfaite
Qu’avec aisance nous participions
Aux mouvements pluriels de l’esprit

C’est Dieu qui nous a fait tels que nous sommes
Participants de sa nature céleste et collaborateurs
Les êtres humains abondent sur toute la terre
La cultivent pour en tirer profit et gérer le quotidien

Que sommes-nous devenus mes frères
Hypocrites à souhait ventant la flétrissure
Habitants de la terre nos gestes de haine
Dégagent une chaleur fétide de félin
Nous mijotons dans nos cabanes des projets maléfiques
Nous ôtons des vies, versons le sang innocent
Prenons en otage nos semblables renversons les murs
Détruisons tout ce qui en espèce produisait du pain
Les diseurs de bonnes nouvelles en désamour
Sont traités comme des rats malchanceux
Où irons-nous avec ces cœurs torrides
Absents au rendez-vous des femmes de bonne volonté

Mon Dieu, ta créature se rue sur les enfants
Ne gouverne plus en conciliabule
On ne trouve en elle que des gestes malhabiles
Façonnés au prix du feu et de la revancharde procession
Mon Père tu es vivant change nos cœurs de pierreries

ᯓ

13- PRESERVE SEIGNEUR

Préserve ma langue des hommes de maléfiques prières
Je sais que la fureur de Dieu peut monter contre eux
A l'improviste la colère de Dieu peut les détruire
Préserve ma langue des êtres aux insatiables malices
Préserve ma langue des êtres insupportables
Ils sont nombreux ceux qui tiennent un langage cruel

Préserve mon âme de la vengeance
Du séjour des morts et des gestes malhabiles
Des anges déchus dont toute l'armature consiste
À élever des tours, foncer dans la ruine
Et souscrire au néant.
Mon être tout entier chante ta présence.
Equilibre ma vie afin que de la mort à la vie
Elle dégage une atmosphère de joie

Préserve ma langue de la rancunière sentence
Paraphée à chaque enseigne à chaque toison
Par le perturbateur des grâces divines
Montée de toutes pièces au-delà des hémisphères
Par des êtres de mauvaises volontés

Préserve-moi de la descendance de Nimrod
Qui de sa Chaldée babylonienne fortifia ses tours
Enchâssa des armées pour en être un agile dominateur
Sémiramis et toute sa volupté féminine
Architecte du système de la terre pour toujours !

14- DE TOUTE MA VIE

De toute ma vie je veux te chanter Seigneur
Tes hauts faits pour moi sont nombreux
Et je me réjouis de ta présence majestueuse
Ma langue se délie en transport d'allégresse
Et je saute de joie car tu es mon aide

Tu plaides en ma faveur en face de l'adversaire
Tu relèves ma tête et rehausse ma mémoire
En temps de peines et de doutes éventuels
En temps de souffrances et de maladies

Mon Dieu est mon seul sauveur
Mon Dieu est mon seul appui
Ma force dans le combat
Je suis confiant en toi

15- AU TEMPS MARQUE

Au temps marqué
Marqué par Dieu je triompherai
Au temps choisi
Choisi par le Créateur je trônerai

Ton temps est le meilleur partout sur la terre
Ton temps est le meilleur partout dans les cieux
Ton temps est le meilleur décharge-moi de l'avidité
Ton temps est le meilleur libère-moi de la précipitation

Au temps prédestiné
Prédestiné de JASHUA mon MASHIA
Je planterai et récolterai les fruits de mon labeur
Je n'ai aucune gêne à servir l'Eternel
Plante en moi le décor de ma foi chrétienne
Et des festivités grandioses qui s'annoncent

16- LE CŒUR DE L'HOMME

La perversité monte dans le cœur de l'homme
Qui ne craint point l'Eternel
Ou qui fait fi des droits du Tout-puissant sur lui
Qui marche sur le pauvre
Et liquéfie ses projets et ses espoirs.

Le cœur de l'homme est mauvais
Rien ne peut le purifier
Si ce n'est le sang pur d'un christ pur.
Qui pourrait montrer à l'homme tous ses égarements
Sans provoquer sa colère sanguinaire ?

L'humilité est vendangée comme
En temps d'orage par les fils de la terre,
Semence pervertie de Caïn qui tua son frère Abel
Parce que le nœud de son âme était chaque jour tourné
Par le mal qu'il reçut de son père Serpent.

Et ainsi sont les fils de Caïn, illustres sanguinaires
Qui persécuteront à jamais la Semence royale
De la Parole projetée en Seth fils pur sang d'Adam

Les semences perverties persécuteront avec ardeur
Et continuellement les fils de Dieu.
Néanmoins notre Sauveur est au contrôle
Et ne permettra pas que nous soyons emportés
Notre salut est certain en l'Eternel notre appui !

17- VOICI MA PRIERE SEIGNEUR

Le Seigneur est mon aide au jour de la détresse
Le Seigneur est ma force au jour de mes combats
J'exulte aux sons d'intarissables promesses
Parmi les saints j'ai ma place au plus fort du contrat

Tes promesses sont des largesses infinies
Nos âmes en toi croient sans condition
Père juste et saint reçois nos ovations
Pour toutes tes miséricordieuses thérapies.

J'irai festoyer pendant la noce de l'agneau
Je m'enthousiasmerai au son de tes ondées
Fraîche rosée, éternelles rosées des sceaux
A l'embouchure ouverte à toutes les félicités.

Heureuses ondes, retrouvons-nous sur les mers
Travestissons les anciens sentiers des vipères
Nos espoirs sont couverts de toutes révélations
Jésus est fidèle, certaines sont ses convictions

18- DANS LES CIRCUITS DE LA PAROLE

Dans les circuits de la parole,
Il se trouve la joie de vivre
A chaque hymen de la vie
Par la flopée des évangiles

Notre vie a un sens profond
Quand reluit la foi
Sous les feuilles vertes des prières
Il y a de l'espoir qui se vit
À chaque enseigne des proverbes.

La dictée n'est plus chemin croix
Par la magie du verbe-fleuve qui remonte
Au large des lamentations.
Dieu sait nous garder dans le calme
Et la précision ne nous manque plus

On a assez d'élan pour louer le Tout-puissant
Toujours présent au rendez-vous de nos prières.
Les jérémiades ont foutu le camp
Dieu ne nous abandonne plus

19- CHANTONS EN TRANSPORT D'ALLEGRESSE

Chantons en transport d'allégresse
Il est là qui nous montre la voie du succès
De la fraternité à jamais retrouvée
Au-delà des frontières nationales.

Le drapeau du ciel est unique et universel
Dieu son peuple est indivisible
Il combat dans la victoire.
Levons notre épée-parole pour notre Roi
La victoire est assurée

Elève ton chant devant Jéhovah
Je ne puis me désolidariser de ta présence
Seigneur je ne manquerai de rien.
J'ai en ma possession une nourriture
Et de l'eau vive en abondance.

Je boirai de l'eau douce pour la vie
Les citernes crevassées ne peuvent la garder
Mon Dieu tu es suprême, reçois ma prière
Et mon chant et ma fidèle foi.

20- CE QUE JE RECLAME

Je possède toutes les choses que je réclame
Elles sont à moi. Je suis semence d'Abraham
Possédant les portes de tous mes ennemis.

La division n'est pas dans ta maison
JE ne crois pas à la force centrifuge
Des sanguinaires de cette terre harcelant l'être
Au devenir permis de l'Armaguedon.

La croix de l'Eglise veut rassembler
Toutes les langues et nations
Pour la rencontre heureuse avec le créateur.
A quand vont-ils comprendre les fils et filles du monde
que le salut est en Jésus-Christ ?

Je virevolte pour sacrifier ma foi
À la recherche
À la pêche,
À la chasse des pécheurs égarés
Et de la dernière brebis du Seigneur
Qui doit entrer dans son jardin
Avant que ne survienne l'enlèvement.

Cherchons-les à travers tous les canaux
Par nos voies,
Par nos paroles
Par nos vies aussi
Si cela peut guider une âme au Seigneur.

21- LA VOIX TRACEE D'AVANCE

La voix d'avance tracée par Dieu
S'appelle la prédestination
Il y en a des gens qui ne la comprennent pas
Dieu connait d'avance tout être sur la terre
Il sait ce que nous sommes capables
De faire
De vivre
De jouer

Il est le maître de notre passé
Et aussi de notre avenir
Il sait toutes les choses depuis leurs commencements
Et ce à quoi ils parviendront à la fin.
Il connait aussi bien les fils
De la vipère que ceux du lion.
Il sait tout sur ce qui se passe sur la terre.
Il n'est pas ignorant aux actions multipliées des êtres

Nombreuses sont celles qui mettent en péril
La vie et le devenir de l'espèce
Nombreuses sont celles qui préparent
Le crime de la revancharde guerre
Et toutes les provocations d'un monde troublé

22- L'ETERNEL EST MA JUSTICE

L'Eternel est ma justice et mon appui
Je ne doute pas de lui
Il me prédestine à un lendemain meilleur
Et à la vie éternelle avec mes frères ses enfants

Mes actions sont posées devant lui
Et il ne les fait suivre d'aucun déboire.
Rien dans sa maison n'est irrévérencieux
Ma force, c'est sa joie. Dieu m'a prédestiné à la vie

Je témoigne pour lui mon sauveur
Rien ne peut m'arracher de l'amour de mon Jésus
Il est à moi je suis à lui il est omniscient
C'est pourquoi il sait qui est qui d'éternité en éternité

Il sait qui peut supporter sa Parole
Qui peut croire et qui ne peut pas croire
C'est pour cela qu'il a mis leurs noms
Dès avant la fondation du monde
Dans son livre de vie et personne pour les effacer

Ces prédestinés à la vie éternelle on les appelle les élus
car personne n'est en mesure de les séduire
Par la marque de la bête
Par le système totémique du monde
Par les voluptés de ce siècle mauvais
Par Laodicée qui est froide et formaliste
Qui est aveugle, misérable et nue
Qui est pauvre mais se proclame riche,

S'est enrichie et n'a besoin de rien
Ni du sang purificateur du Christ.

Elle se vautre
Dans le monde
Dans le système dénominationnel
Et Nicolaïte de la Bête
L'homme voulant conduire l'homme
Le dominer dans la servitude absolue
Mais moi j'ai pour dominateur le Très-haut
Il m'absout lorsque je me retrouve
Dans les nasses de la flétrissure
Car je suis de sa semence originelle
Excroissance de Seth par Adam fils de Dieu.

23- ASSURANCE BENIE

Jésus est à moi
Il me connait par mon nom
Et me transporte dans les lieux célestes
De son amour. Il est en moi
Depuis la sentence de mes pères les Apôtres
Fondateurs de l'Eglise
Rien ne prévaudra contre elle
Elle est bâtie sur la pierre de la révélation
Les signes la suivent hier aujourd'hui et éternellement
Je marche sur les serpents, les scorpions
Et sur toute la puissance de l'ennemi
Je ne craindrai aucun mal
Quand on me fera boire du breuvage mortel
Cela ne me fera point de mal
J'imposerai les mains aux malades
Et ils recouvriront la santé
Par la puissance de Jésus qui guide mes pas
Nous portons en nous la semence
De vie et d'amour pour l'éternité
Et personne ne la ravira de nos mains
Et même le Dieu Tout-puissant
Qui ne se repent ni de ses dons ni de ses appels
Quelle assurance bénie ! Jésus est à moi
Il m'aima en acceptant autant d'angoisse
Il mourut dans le dénuement du bois maudit
Ainsi emporta-t-il au loin mes souillures
Il ressuscita et ma vie ressuscita avec lui
Alléluia ! Maranatha ! Amen !

24- JE VOIS

Je vois la Main de Dieu
Je vois l'Amour de Dieu
Amen ! Amen !
Amen Alléluia !

Ce n'est pas du bavardage
Non de la théologie banale
Mais la Vérité en notre âge

Je vois la Paix de Dieu
Je vois l'Esprit de Dieu
Amen ! Amen !
Amen Alléluia !

Si tu veux venir goûter
Seulement à Sa Miséricorde
Tu seras tellement ravi

Je vois la Joie de Dieu
Je vois la Grâce de Dieu
Amen ! Amen !
Amen Alléluia !

Le Saint-Esprit siège
Dans mon cœur dans ma vie
Espère donc en ton Dieu !

25- J'AI UNE HISTOIRE VIVANTE

J'ai une histoire vivante
A proclamer au monde
Que Jésus-Christ notre Dieu
Donne la vie et satisfait

O quelle joie
D'avoir trouvé Jésus
O quelle paix
D'être aux pieds du Christ

L'ennemi n'a pas pu
Contrecarrer mon Dieu
Le magicien n'a pas pu
Eliminer mon âme

O quelle joie
D'avoir trouvé Jésus
O quelle paix
D'être aux pieds du Christ

26- TA BEAUTE, SEIGNEUR

Ta parole est magnifique,
Expression tranchée de ta beauté câline
Les vents sont l'œuvre de tes mains
Ils remontent d'Est en Ouest
Naviguent sur des fleuves tranquilles
Humectant les beautés florales
Sur les duvets de la terre.

Il y a comme de l'impasse
Mais rien n'envisage la pénombre
Ta lumière brille aux joutes lointaines
Devers la transparence abécédaire
De ta Parole vitaminique.

Nous trouvons heureusement dans tes bontés
La nourriture qui prise avec sagesse et amour
Nous renvoie chaque jour à la parole
Tes augustes bénédictions ne manquent guère
Au sourire innocent des fils et filles de Dieu
Connus dès avant la fondation du monde
Pour être tes servantes et serviteurs dans le monde.

Ta beauté, Seigneur est odoriférante
Et pleine d'embonpoint, de générosité.
Nos anges autour de nous surveillent les astres
Tranchent net avec la vie
Pour organiser notre bonheur ici-bas
Et les félicités dans les cieux.
Tu es excellent Seigneur,
Reçois notre témoignage et nos hommages
Ta beauté Seigneur est éternelle.

27- L'EXPRESSION DE MON AME

Ceci est l'expression de mon âme,
Les plus grands délices
Que je porte devant le Dieu de mon salut.
Les orages bousculent mon être,
Ne me laissent nullement l'occasion
De m'émanciper devant ta face
Et de pouvoir jouir de tous les privilèges de la nature.

Je sais seigneur que tu es le créateur de toutes choses
Et mon précieux et inestimable créateur sur la terre
Les arbres en tout temps reverdissent sans cesse
Faisant prévaloir la vastitude de tes caresses

Face au vent venant de tes torrents
Ils hochent leurs têtes moribondes
Quand l'air humidifie les campagnes
À la bienheureuse ondée que tu transplantes.

Les êtres humains peuplent les savanes et les forêts,
Dans leurs labeurs ils trouvent l'occasion tranquille
De se vêtir des plus éclatantes rayures reposantes.
Ils mènent des vies bruyantes pourtant je suis avec eux et
aussi sur la terre pour annoncer ta bonne nouvelle.

28- LA RISEE

La flétrissure frappe à ma porte,
Les pièges rendent nuls mes efforts.
Je suis la risée de mes copains
Pourtant je ne cesse de croire en toi
Et ne me laisse jamais aller à la fosse.

Si je pleure, qui essuiera mes larmes ?
Seigneur le précipice dans lequel me figent les ennemis
accomplit-il ainsi heureusement ta parole ?
Viens donc sonner le glas de la pensée restauratrice.

Soudain je ne serai plus le même.
Je bénéficierai aussi de tes largesses.
Fais-moi voir la délivrance
Quand il y a lieu de faire ta publicité.

Seigneur Jésus-Christ, ma tristesse est grande.
Tourne pour moi toutes les portes malveillantes, défends
ma cause en ses ultimes ajournements

Et ne permet pas que les moqueurs chaque jour
Se délectent de ma chair et de ma sueur.
Reçois donc mes hommages Papa
Je compte vivement sur ta chère grâce

29- CEUX QUI ESPERENT EN TOI

Ceux qui espèrent en toi ne seront jamais confus
Ils sauteront comme les biches des plaines
Ils se rassasieront des mets qu'apporte la parole sacrée
Inaltérable de siècle en siècle nous croyons en elle

Ceux qui mettent leur confiance au sauveur
Ce sont ceux qui réussiront toujours leurs projets
Les voleurs, les brigands et les judas s'attaquent
S'attaquent à eux mais les justes resplendissent

Venez, tous ensemble mes frères
Les concitoyens du royaume
Du millénium qui se profile à l'horizon
Avant que le Christ se tourne vers Israël

L'Epouse doit être enlevé pour ses noces
L'Agneau la recevra dans ses banquets
Seigneur de grâce, Seigneur d'amour
Tu es l'être qui au firmament de ta grâce
Pourvoit à tous nos besoins journaliers

Mon Dieu, tu es vivant
Au regard de tes œuvres grandioses
Tu es tout ce que nous souhaitons
Quand nos regards croisent le soleil
Qui nous protègera
Contre la riposte des hommes ?

30- HEUREUX SONT TES ELUS

Heureux sont tes élus qui chevaucheront
Jusqu'à la fin dans la foi parfaite en ta parole parfaite
Qui ne mélangeront guère tes enseignements
À la volonté ténébreuse des odeurs des crédos humains
Qui feront de la vérité de leur jour
L'entière source de bonheur

Heureux seront-ils sur la face de la terre
Leurs jardins fleuriront
Et donneront des vastes fruitiers.
Ils seront prêts pour le millénium
Pour les noces de l'agneau
Ils ne passeront pas par la grande tribulation.

Ils seront enlevés à la fin de l'âge final de Laodicée
Et christ se tournera encore une fois de plus
Vers les juifs afin de les faire sortir de l'aveuglement.
Car il mettra fin à leurs transgressions,
Les transgressions du peuple d'Israël
Et de sa ville sainte Jérusalem.

Il les absoudra de leur péché d'avoir crucifié le maître
Ils demandèrent que son sang retombe
Sur eux et sur leurs enfants.
Il ne se souviendra plus de leurs iniquités
Et se fera reconnaitre à eux
Qui l'ont vendu sur le bois du calvaire.

Ils pleureront amèrement comme l'on pleure
Sur les fils uniques, fils prodigues
Et se lamenteront d'avoir crucifié le Roi des rois.

Dieu viendra pour eux sceller la vision et la prophétie. On ne s'en souviendra plus quand Dieu oindra le temple du millénium afin que rassemblés, ses fidèles s'y retrouvent dans l'allégresse du festoiement.

Les vrais juifs, les 144000 de toutes ses tribus saintes seront sauvés car l'Eternel de sa voix ardente rétablira toutes choses en ses fondements éternels.
Il se souviendra d'Israël pour venger le sang de ses serviteurs et tirer vengeance de leurs actes sacrificiels.

Alléluia, Alléluia
Que la louange, l'honneur, la sagesse
Et la connaissance soit à notre Dieu.
Puissance et force lui appartiennent
Car de sa bouche jaillissante d'épées,
Il domptera toutes les forces ennemies !

Alléluia, Alléluia !
Notre Dieu ne sera jamais vaincu
Et nous y trouvons en lui notre refuge
Notre appui, notre force qui ne manque jamais
Aux temps de la détresse !

Alléluia, Alléluia !
Servez-le vous tous ses créatures
Ne vous éloignez guère de lui
En tout temps et en tout lieu
En temps favorable ou non
Servez l'Eternel sans modération !

31- CE MONDE, CETTE TERRE

Ce monde, cette vaste terre est l'œuvre de Jésus-Christ
Il l'a déployée sur ses fondements génésiques
En définissant ses quatre coins droits
Il en était ainsi quand il fit créer Adam et par lui Eve
Prédisposé à nous servir, il en ajouta toute sa verdure
Il naquit sur elle les animaux des champs,
Les eaux et tout se qui se meut sur elle en notre jour
Dieu voulu que nous parvenions à nos désirs
En prononçant tout simplement la parole
Et en gouvernant en toute quiétude
L'homme voulu étendre ses limites au-delà de Dieu
Il s'y trouva en déliquescence contre son créateur
Il lui naquit des peuplades qui se mirent à bâtir une tour
construire la tour babylonienne
Objet de toutes les critiques parolières.
Dieu ne voulut pas que les semences
Soient transplantées, greffées les unes sur les autres
Mais tout de suite l'homme n'aima pas cette décision
Il devint maître de la terre sans Dieu et celui-ci vint
À la détruire par les eaux sous la conduite de Noé.
La nouvelle terre qui en sortit était inclinée
Et personne pour la redresser
Et bientôt elle rentrera sous la mer
Dieu se vengera ainsi des hommes
Qui outrepassent les pouvoirs divins.
Il se vengera, il se vengera certainement !

32- CHERCHE LE BERGER

Cherche le berger dans le vent
Sous la dorure du temps pressent
À travers le paysage vociférant
Et l'étoile et le soleil vacillants

Tourne à gauche et à droite du fleuve
Tu trouveras l'altière digue
Pour refaire ta vie

Cherche à travers le pays mental
L'être qui au demeurant de l'être
Tisserand de la terre faîtière
Pourrait abreuver les hommes
Quand voltige l'esprit
Cherchant qui posséder

Vient encore mon cher frère
A cuisiner avec l'espoir qu'un jour
Tu verras le jour

Et que la ténébreuse haleine
N'est qu'une infinie ombre
Qui ne puisse tenir tête
Pour l'éternité.

33- MON FRERE

Quand ensemble nous ne serions plus
Mon frère de rang, mon frère de sang
A qui d'autre que moi livreras-tu bataille
Devant qui d'autre placeras-tu ta pierre d'achoppement

Quand enfin l'un et l'autre de son côté ira
Quand retentira le grand et prodigieux appel du haut
Mon frère de rang, mon frère de sang
Où rangeras-tu ta scintillante hache de guerre

Quand vers la route de la perdition
Du balancement dans les grandes eaux
Tu voudras m'emmener comme une brebis invendue
Que feras-tu quand soudain Dieu me créerait des ailes

Je suis vacciné contre ton virus
Je ne puis me perdre ni perdre la face
Mon frère de rang, mon frère de sang
Toi qui sans cesse contre moi médite le mal.

Au solstice de l'été, à chaque déboire consommé
Avec haine et acharnement tu cherches en vain
A m'entrainer vers le bas. Où est Dieu, le sais-tu ?
Il voit tout, même s'il ne te méprend

Cesse de croire que ma vie est entre tes mains
Cesse tes flagorneries mensongères

On ne devient pas méchant ou turbulent en un jour
Dieu est au début et à la fin de toute vie.

Pour moi tu agis comme un pharaon contre moi
Tes égyptiens sont en grand nombre
Montés sur les chevaux et tenant la lance et le javelot
Mais ils ne m'empêcheront de traverser les eaux
Qu'ils tentent d'effectuer comme moi la traversée !

Tu agis avec beaucoup de mépris me harcelant
Intrépide je ne me décourage par la grâce de l'Eternel
Il est mon appui et ma force qui ne manque point
Au temps de la détresse profonde.

Il me soutient, point ne m'embarrasse
Sa joie sera ma force pour toujours
L'Eternel est lent en colère, riche en bonté
Mais il n'oublie point de porter assistance à l'Elu
Et de rendre libre les opprimés de la foi
Jésus est fidèle !

34- LES CHEMINS DE LA VIE

Aussi accrocheur que mille pattes
Covid coffre des vies
Pour un voyage sans issue
A l'entrelacement des mots lianes
Les chemins de la vie deviennent chemins de croix
Tirant dans l'étanchéité de la mort leur ultime révérence
Mais la parole et encore elle
S'arrache à la dichotomie du silence
Pour dire l'être en ses profondeurs abyssales

Retournons toute raison gardée
À la mathématique du poème
Ouvrons à l'être, s'il le faut,
Au demeurant des hôpitaux
Une nouvelle espérance
Au devenir permis de la vaccination.

La lucidité manquant au devenir masqué des marchés
L'être se déploie en plein lac quand vocifère le virus
À l'embonpoint des sépulcrales pluies abolies
Que deviendra alors l'amour pris au crochet du désespoir

La dictée n'a plus de mines jolies
N'a plus une étreinte facile
A chaque mélopée de la Pentecôte
L'esprit s'embrigadera-t-il ainsi ?
Et que dire de la vie qui se détériore
À chaque enjambée de la maison du Seigneur

35- TES ŒUVRES

Tes œuvres sont grandes et admirables
Seigneur Dieu Tout-puissant Roi
Elles sont précieuses, si précieuse pour le croyant
Car elles nous abreuvent de ta fontaine bienheureuse
A l'alizé des pensées profondes de l'Eternel

Tes œuvres sont plurielles, innombrables, éternelles
Pacifiques sont-elles lorsqu'arrive le temps
Dans le jargon de la gloire céleste
Dans l'intrépide surface lunaire
Dans la vastitude des pensées abyssales

Tes œuvres sur la terre sont nombreuses
Elles créent pour nous l'asile facile
Et toutes les semences de bénédictions
Corroborant l'entière source vive vivifiante
Auprès de tous les anges en rang de bataille

Regardons à sa parole éternelle
Confions-nous en lui notre sauveur
Il ne permettra point que nos pieds croupissent
Dans les orgies dans les déboires de la terre
Dans les lacs crevassés à la limite du recul

36- A QUAND TOUT CELA

Toutes tes prédictions s'accomplissent inéluctablement
Au jour le jour ta Sainte Parole s'interprète elle-même
La méchanceté de l'homme est allée croissante
Les gens rendent l'âme par la terreur du prochain

Les frères s'entretuent,
Se rendent une poursuite hostile
Personne pour se porter garant,
Être l'étendard de ta bonté sacrificielle
À l'embouchure des pensées meurtries
À l'entrelacement de la culminaison des guerres

La furie, la sorcellerie, les cœurs défaillent
A quand tout cela, Seigneur Dieu de l'univers
Nous en sommes venus à l'ère du numérique
Au bâillonnement des gestes cybernétiques
Au lieu qu'elle serve pour le rapprochement des croyants
On s'en retrouve en plein désamour

Dans la désorganisation de l'amour,
Dans l'intrépide règlement de compte,
Dans la pensée vengeresse,
Dans le ponce-pilatisme,
Dans l'enrichissement illicite et dans la trahison

Les femmes de tes serviteurs dédaignent les conseils,
Dédaignent les foyers, dédaignent ta Parole
Tes enfants volatiles se plaisent dans ce qui brille
Plutôt que dans ce qui illumine les regards de la foi.

Aimons-nous encore la nourriture solide ?
Marchons-nous dans les voies difficiles
Pour former un peuple qui regarde
Vers ta Grâce et tes faveurs ?

Avons-nous encore foi en la prière,
Aux œuvres immortelles de l'Eternel,
Savons-nous attendre de la pluie de bénédictions
Jusqu'à ce que Dieu entre en scène ?

Y aura-il encore sur la terre une génération d'Abraham,
De Moïse, d'Elie, de David, de Shadrak, Meschack,
D'Abed-Négo, de Job, de la sunnamite,
De la veuve de Sarepta, de Sara, de Marie ?

Qui par la foi établirent la jonction
La puissante réussite salvatrice
Entre l'Ancien et le Nouveau Testaments
Et par la foi desquels ta Parole reste réelle et actuelle ?

Tu feras concourir toutes choses au bonheur des croyants
Entre tes mains nous sommes à jamais
Nous ne savons pas comment nous partirons d'ici
Mais notre foi insuffle en nous la grâce de la vie éternelle

37- JE DESIRE ARDEMMENT

Je désire ardemment avec d'ardents sentiments
De tout mon cœur, de toute mon âme et dans mon corps,
En pensées, en paroles et en actes
Me mettre à ton service avec tellement d'humilité

Épouser tous les contours de ta sublime présence,
Vivre en comptant sur toi, avoir auprès de moi
Les personnes les plus honnêtes, les plus sincères
Et attachées à ta volonté divine

Seigneur le vide qui s'installe,
Le doute qui s'amène au grand galop
Me sauvageonnent chaque jour,
Et je ressens la course poursuite
De mes ennemis en grand nombre

Mais ma foi me dit que tu es mon refuge
Qui ne manque jamais au temps de la détresse.
Je manque souvent de force
Mais je sais que je ne capitulerai guère
Malgré la tranchée que met en place l'adversaire

Ma jeunesse peut tanguer
Mais je ne perdrai la face
Face à cette trainée de démons.

Trouve-moi une femme
À mon image selon ma ressemblance
Qui ne regarde point dehors
Et trouve son plaisir dans la Parole du Seigneur

Qui n’est ni envieuse, ni querelleuse,
Ni adonnée aux artifices du monde,
Une femme, une vraie femme vertueuse

Ses entrailles ressembleront
À un troupeau de gazelles,
A une nuée d’arbres pacifiques

Au large de la rivière, vers les lacs de mon enfance
Sous les neems à chaque repli des rôniers,
Ma carrière sera ainsi blanchie
Dans le sang inaltérable de Jésus-Christ.

38- J'AVAIS SOUSCRIS

J'avais souscris à ta bonté, à ton amour
J'ai suivi des routes jonchées de ronces et d'épines
Surveillées par des vipères et des chacals
Toujours remuants à me court-circuiter dès l'enfance

Je n'ai pas avancé de vaines paroles contre l'Eternel
Car ce qu'il dit s'accomplit toujours
Je n'ai pas de question à poser à mon Dieu
Quand mon chemin devient périlleux

Quand les obstacles s'amoncellent devant moi
Et que la vieillesse veut refroidir mon zèle de disciple
Je me tiendrai si ferme sur toute ma confession
Je fredonnerai les psaumes de ma foi

A l'entame des pensées abécédaires
A l'entre-lac du silence de l'Evangile
Les peaux de banane ne peuvent ternir mon image
La joie de l'Eternel sera encore ma force

Il est agréable de servir le Seigneur,
Peuples dispersés sur la terre,
À travers les cinq continents
Pris au crochet des langues nationales

Peuples des lacs, des rivières, des océans
Peuples des savanes, des montagnes, des forêts
Il est agréable de se tenir dans sa présence
Et de considérer sa parole au demeurant du zodiaque

La nature parle pacifiquement de sa paternité
Parle de ses œuvres nombreuses et magnifiques
Et les écritures expriment tant bien que mal sa renommée
Il est l'être qui du fond de ses normes rempile le lointain

A sa portée s'élèvent nos pratiques
Et sans relâche il scrute notre futur
Et resplendit en grâce afin de sauver l'humanité
Dieu est saint, il sanctifie les volontaires

Il ne force personne,
Sa parole exprime la totale liberté
Mais quand viendra la fin,
Il séparera les brebis d'avec les boucs

Mon frère reconnaît sa bonté et son amour pour toi
Dans sa vitale patience et sa mort sur la croix
Il souhaite que tu ne te perdes point
Mais parvienne à la repentance pour être sauvé

39- DIEU EST UN ARBRE SOLENNEL

Dieu est un arbre solennel
Gravé sur des pierres perpétuelles
Ses sources sont vives et intarissables
Sur un fleuve d'amour inlassable

Dieu est un arbre dont les bouts sempiternels
Gravent les grandes garanties séraphiques
Son jardin de vie couvre le soleil continuel
Sa lune vespérale touche aux joutes mirifiques

Les louanges des anges montent avec allégresse
Dans son palais les saints l'exaltent sans cesse
Leurs robes couvertes dans le sang de l'agneau
Portent les marques des sept sceaux

Dieu est un arbre solennel
Et nous sommes ses branches sacrificielles
Ayant pour sa gloire des fruits surnaturels
Ainsi il est, ainsi nous sommes immortels

Elohim mérite nos actions de grâce
Elohim est un arbre solennel
Son amour est si puissant et laisse des traces
Il est un arbre à mille et unes branches solennelles

40- ET VOUS NE LE SAVEZ PEUT-ETRE PAS

Et vous ne le savez peut-être pas
Que Jésus-Christ est la lumière du monde
Que vous pouvez ainsi être aveugle et nu
Sans le savoir proférant tout connaitre
Et n'avoir besoin de rien

Pourtant votre collyre
Se trouve dans la parole du Seigneur
Il est là pour vous ouvrir les yeux
Ainsi que les oreilles
Afin de faire de vous de véritables témoins

Sinon vous serez comme les pharisiens et les sadducéens
Qui cherchent les erreurs des autres
Avec les yeux et les mains bandés
Par les faux enseignements

Et vous ne le savez peut-être pas
Que Jésus est venu sauver les pécheurs,
Les enfants qui aiment apprendre
Qui s'humilient devant la vérité.

Et vous ne le savez peut-être pas
Ce monde ne peut jamais avoir la paix sans Dieu
Qui est l'auteur principal de la vraie paix
De la paix sans guerre sans mort
De la paix sans corruption sans famine

Dieu est Dieu et nous sommes des Dieux,
Dieu est Sauveur et nous sommes des Sauveurs
Jésus est Dieu fait chair en vérité, en vérité
Et nous sommes des Dieu faits chairs en vérité, en vérité
Car tel il est, tels nous sommes
À son image selon sa ressemblance
Je chante ses louanges,
Je me glorifie de son saint nom

Comme lui je sauve des vies humaines
Je suis le fruit de l'éternité.
Mon âme, exalte le Seigneur
Et en lui je trouve mes bénédictions

Aide-nous Seigneur des cieux et de la terre
En ces jours d'épaisses ténèbres
Et d'ombrageux lendemains
Aide-nous à recevoir tes corrections de la vie

Les corrections ultimes de ta Parole Sainte
Afin que nous soyons assez préparés
Et que nous soyons déterminés
Dans notre cœur à vivre une vie meilleure
Que celle que nous avons vécue dans le passé

41- MES REVES

Mes rêves pour toi sont pluriels
Ils abondent en moi comme des torrents d'eau
Jaillissant de la limpide source des sources

Ils sont en moi et se présentent devant moi
Comme un troupeau de gazelles
Comme le printemps dans sa tendre enfance

Mes rêves pour toi abondent sans cesse
Et me parlent de la joie parfaite des fidèles
De leurs bénédictions au-delà des eaux boueuses

Des citernes crevassées, des voiries infectes
Elles maintiennent dans les bas-fonds
Les crapauds, les grenouilles, les souris
Toutes les qualités de saletés
Voguant au demeurant des rivières

Mes rêves pour toi jaillissent et me présentent
Christ revenant lors de sa seconde venue
Pour l'enlèvement de sa chère Eglise
Pour les noces de l'agneau qui ne sauraient tarder

Pour le millénium
En un clin-d' œil,
En un instant nous serons changés
Nous serons partis sans laisser de trace

Mes rêves pour toi corroborent l'être suprême
Christ revenant lors de sa troisième venue

L'époux et l'épouse, le roi et la reine
Pour le dernier jugement des vivants et des morts
Et derrière nous soudainement
Il y aura des pleurs et des grincements de dents
Nous serons toujours avec le Seigneur Jésus-Christ
Lui qui porta nos péchés sur le bois du calvaire

Mourant il nous sauva
Et emporta au loin nos péchés
Quelle joie ça sera !

Le rêve me montre l'heureux dénouement
De ta jurisprudence éternelle O Seigneur
Tu es le mari fidèle, le maître de ma vie,
Le trophée de ma couronne

Tu es le lys de la vallée, la rose de Saron,
L'étoile brillante du matin
Le meilleur parmi dix mille
L'Eternel, grand par sa force

Riche en bonté,
Ta miséricorde durera jusqu'à l'enlèvement
Béni soit ton Saint nom à jamais

De gloire en gloire
De victoire en victoire,
Tu relèves le défi

Et l'orphelin et l'affligé
Trouvent refuge dans ton palais
Je t'aime et sème ta semence
Pour un monde pour Christ.

Mes rêves pour toi sont nombreux et excellents
Pacifiques sur toute la vastitude de ta terre
Pacifiques à travers les quatre points du firmament

Notre amitié est sincèrement reliée à ta parole
Et je ne puis louper ton attention toute particulière
Ta protection m'est assurée sur toute la terre

Je me délecte des provisions de ton ciel
Qui connote la vigueur du lion
Du lion de la tribu de Juda

Mes rêves me dévoilent un Dieu sauvant, aimant
Un Dieu attentif à nos douleurs, à nos prières
Il est l'être jaloux de ses ouailles
Il répond avec amour lorsqu'ils piaillent.

42- JE T'OFFRIRAI

Je t'offrirai mon corps et mon esprit
Et tous mes éloges à ta sollicitation
J'enjamberai les belles mélodies célestes
A la belle étoile qui garnit mon âme

L'univers s'entrelace avec lassitude lacérée
Quand vocifèrent les complaintes
À l'entrelacs de l'exécrable précarité

La dictée devient chemin de croix
Quand l'être ne trouve plus asile auprès du Père
Je t'offrirai mes louanges tant que je vivrai

Je viendrai dans ta maison
Pour faire corps avec les consacrés
Et proclamer la délivrance de ceux qui souffrent

Ils sont noyés malhonnêtement
Dans les geôles de la désespérance
Et du désamour des mortels

On se libèrera pour être à ton service
Pour te rendre des hommages
Oui, mon Dieu nul n'est comme toi

Je t'offrirai tout ce que tu exiges de moi
Dans l'étendue abjuratoire de ta puissance
Et ma joie sera parfaite pour l'éternité !

43- MA RECOMPENSE

Ma récompense arrive
Elle viendra à moi
Contre vents et marées

Malgré l'appel à la résistance des démons
Malgré les accusations et les coups-bas
Malgré les colporteurs de mauvaises nouvelles

Ma récompense arrive,
Elle vient de l'Eternel
Malgré la maladie,
Le vol et les brimades

Malgré l'entrée en matière des sorciers
Avec leurs cancrelats, leurs margouillats
Malgré le manque de confiance, manque de dialogue
Et le recours au mensonge pour faire dériver la vérité

Malgré la fratricide bataille et les injonctions vandales
Malgré les putréfactions et la symphonie des saoulards
Ma récompense arrive montée sur des chars angéliques

Entourée d'étoiles et de lunes avantageuses
Elle arrive montée sur des chevaux
Malgré la morsure du serpent, de la vipère, du basilic

Malgré la piqûre des scorpions
Malgré le retranchement des aiguillons
Dardant la paysannerie savanicole

Dans les prairies du doute
Dans les collines de la honte
Dans les montagnes rocheuses
Et toutes les caillasses
Et les boucles d'obstacles

Ma récompense arrive jonchée
Par les plus évidentes
Et les plus magnifiques bénédictions divines

Elle m'appartient malgré les vaccins prohibés
Elle m'appartient, ma récompense
Malgré les jeûnes et les prières du diable

Ma récompense arrive plus belle et pacifique
Que toutes les souffrances consommées
Que toute la honte bue,

Elle arrive plus harmonieuse et flegmatique
Malgré les comprimés ingurgités
Et les immaculées flagellations encaissées

Ma récompense arrive portée
Par des doux charriots
Par des anges policiers
À chaque enjambée de la vie

44- EXPRIME

Exprime le monde, exprime la terre
Exprime l'entier univers des mers
Dans son immensité sanctifiée
Dans ses sources et ses rivages

Les rocs jalonnent les plaines
Au parage des jachères fertiles
Dieu sifflote dans son jardin
Adam trouve des excuses
Et Eve se cabre dans la cachette

Exprime le reposoir des ancêtres
Au large des sentiers battus
Et leur amitié consacrée
A l'entonnoir des mythes

Exprime les hémisphères
Pris en transe quand les prés abondent
Les nénuphars dans le jalonnement des rochers
Les peuples peuplent la terre
Au nom du créateur des sources célestes

Avançons ensemble et exprimons l'amour
Dans l'excavation des pensées fleuries
Dans l'extrême froufrou des dinosaures
Dans le renoncement aux œuvres mortelles
Et les grumeaux de sang tirés des veines du Christ

ADRESSE COMPLETE

GABRIEL HAIPAM

BP 329 MAROUA

TEL +237696128880

E-mail : gabhaipam@yahoo.fr

Indice

Printed by Books on Demand GmbH, Norderstedt / Germany